TERMAU CYFRIFEG

Termau Cyfrifeg

gan

NEIL GARROD

Athro Dadansoddiad Cyllidol
Coleg Prifysgol Gogledd Cymru, Bangor

Cyhoeddwyd ar ran
Bwrdd Gwybodau Celtaidd Prifysgol Cymru

GWASG PRIFYSGOL CYMRU
CAERDYDD
1992

ISBN 0-7083-1189-X

Mae cofnod catalogio'r gyfrol hon ar gael gan y Llyfrgell Prydeinig

Cysodwyd yng Nghymru gan Wasg Prifysgol Cymru
Argraffwyd yn Lloegr gan Hartnolls Cyf., Bodmin

RHAGAIR

Mae'r gwaith hwn wedi cael amser hir i aeddfedu ers y drafft cyntaf. Yn y cyfamser y mae defnydd yr iaith Gymraeg ym myd busnes wedi ehangu cryn dipyn. Hwb bach ychwanegol yw hwn.

Cychwynnodd y rhestr fel cydymaith i'm haddasiad Cymraeg o lyfr Harold Edey, *Cyflwyniad i Gyfrifeg* a gyhoeddwyd gan Ganolfan Adnoddau Addysg Aberystwyth ym 1987. Ers hynny mae'r rhestr wedi tyfu ac rwyf wedi cael cymorth sylweddol gan Bruce Griffiths, Enid Mathias, Ann Thomas, Roy Thomas a Janice Williams. Diolch o galon iddynt i gyd.

Ieithoedd marw sy'n ddigyfnewid. Fy ngobaith i yw y bydd y rhestr hon yn llwyddo i fod yn sylfaen dda ar gyfer datblygu'r iaith a hybu ei defnydd ym myd busnes.

Neil Garrod
Tachwedd 1992

CYMRAEG - SAESNEG

Adborth (eg)	Feedback
Adeiledd cyfalaf (eg)	Capital structure
Adenillion ar fuddsoddiad (ell)	Return on investment
Adlog (eg)	Compound interest
Adluniad (-au) (eg)	Reconstruction
Adnoddau (ell)	Resources
Adolygiad (-au) dadansoddol (eg)	Analytical review
Adroddiad (-au) cyfamser (eg)	Interim report
Adroddiad (-au) chwarterol (eg)	Quarterly report
Adroddiad (-au) rhannol (eg)	Segment report
Ad-daliad (-au) (eg)	Repayment
Adwerthwr (adwerthwyr) (eg)	Retailer
Addasiad (-au) (eg)	Adjustment
Addasiad (-au) gerio (eg)	Gearing adjustment
Addasiadau lefel prisiau (ell)	Price level adjustments
Aeddfedrwydd (eg)	Maturity
Algorithm (-au) (eg)	Algorithm
Amorteiddiad (-au) (eg)	Amortization
Amorteiddio (be)	Amortize
Amryfalaeth (eg)	Diversification
Amrywiant (amrywiannau) (eg)	Variance
Amrywiant cyllidebol (amrywiannau cyllidebol) (eg)	Budget variance
Amrywiant defnydd (eg)	Usage variance
Amrywiant effeithlonrwydd llafur (eg)	Labour efficiency variance
Amser (-au) blaenori (eg)	Lead time
Amsugnad (eg)	Absorption

Anarferiant (eg)	Obsolesence
Anfoneb (-au) (eb)	Invoice
Annibyniaeth (eb)	Independence
Annormal (a)	Abnormal
Ansawdd allanion cyfartalog (eg)	Average outgoing quality (AOQ)
Ansicrwydd (eg)	Uncertainty
Ar gysyllt (a)	On-line
Arbed treth (be)	Tax avoidance
Arbrisiant (eg)	Appreciation
Arbrisio (be)	Appreciate
Archwiliad (-au) (eg)	Audit
Archwiliad (-au) cymdeithasol (eg)	Social audit
Archwiliad mewnol (eg)	Internal auditing
Archwiliad (-au) perfformiad (eg)	Performance audit
Archwiliwr (archwilwyr) (eg)	Auditor
Arenillion (ell)	Yield
Argost (-au) (eg)	Overhead
Arian (eg)	Cash
Arianman (eg)	Petty cash
Arwynebwerth (eg)	Face value
Ased (-au) (eg)	Asset
Ased (-au) anghyffwrddadwy (eg)	Intangible asset
Ased (-au) cyffwrddadwy (eg)	Tangible asset
Ased (-au) cyfredol (eg)	Current asset
Ased (-au) sefydlog (eg)	Fixed asset
Ased (-au) treuliedig (eg)	Wasting asset
Asedau cyffwrddadwy net (ell)	Net tangible assets
Asedau hylifol (ell)	Liquid assets

Asedau net (ell)	Net assets
Asiant (-iaid) (eg)	Agent
Atchweliad (-au) llinol (eg)	Line regression
Awdurdod llinol (eg)	Line authority
Awdurdod staff (eg)	Staff authority
Banc (-iau) masnachol (eg)	Merchant bank
Barn wir a theg (eb)	True and fair view
Bil (-iau) cyfnewid (eg)	Bill of exchange
Bil (-iau) gwerthiant (eg)	Bill of sale
Bil (-iau) trysorlys (eg)	Treasury bill
Blaendaliadau (ell)	Prepayments
Blaendrafodion ariannol (ell)	Financial futures
Blaen-Dreth Gorfforaeth (BDG) (eb)	Advance Corporation Tax (ACT)
Blaengredydwr (blaengredydwyr) (eg)	Preferred creditor
Blaengyfradd (-au) (eb)	Forward rate
Blaengyfran (-nau) (eb)	Preference share
Blwyddyn ariannol (eb)	Fiscal year
Blwydd-dal (blwydd-daliadau) (eg)	Annuity
Bond (-iau) (eg)	Bond
Bond (-iau) amnewidiol (eg)	Convertible bond
Breindal (-iadau) (eg)	Royalty
Brocer (-iaid) (eg)	Broker
Buddiannau lleiafrifol (ell)	Minority interests
Buddsoddiad (-au) (eg)	Investment
Buddsoddiad (-au) a ddyfynnwyd	Quoted investment
Budd-dal (budd-daliadau) (eg)	Benefit in kind

Budd-log (-au) (eg)	Beneficial interest
Busnes byw (eg)	Going concern
Bwrdd cyfarwyddwyr (eg)	Board of directors
Bwrdd Safonau Cyfrifeg (BSC) (eg)	Accounting Standards Board (ASB)
Byrddau dwy haen (ell)	Two-tier boards
Caffaeliad (caffaeliaid) (eg)	Acquisition
Canolfan gyfrifoldeb (canolfannau cyfrifoldeb) (eb)	Responsibility centre
Canolfan gost (canolfannau cost) (eb)	Cost centre
Canolrif (eg)	Median
Canran osodedig (canrannau gosodedig) (eb)	Fixed percentage
Ceidwadaeth (eb)	Conservatism
Codiant (eg)	Charge
Codi tâl (be)	Charge
Coeden benderfyniadau (eb)	Decision tree
Cofnod (-ion) (eg)	Record
Cofnod jwrnal (eg)	Journal entry
Cofnodi (be)	Record
Cofrestrydd (-ion) (eg)	Registrar
Colofnol (a)	Columnar
Colled (-ion) (eb)	Loss
Colled (-ion) anghyffredin (eb)	Extraordinary loss
Confensiwn (confensiynau) (eg)	Convention
Corfforaeth (-au) (eb)	Corporation

Corfforedig (a)	Incorporated
Cost (-au) adnewyddu (eb)	Replacement cost
Cost (-au) anuniongyrchol (eb)	Indirect cost
Cost (-au) arnofiant (eb)	Flotation cost
Cost berthnasol (costau perthnasol) (eb)	Relevant cost
Cost briodoledig (costau priodoledig) (eb)	Imputed cost
Cost (-au) caffaeliad (eb)	Acquisition cost
Cost (-au) cyfalaf (eb)	Cost of capital
Cost (-au) ffiniol (eb)	Marginal cost
Cost gamau (costau camau) (eb)	Step cost
Cost gwerthiant (eb)	Cost of sales
Cost gyfartalog (costau cyfartalog) (eb)	Average cost
Cost gyfartalog gymhwysol cyfalaf (eb)	Weighted average cost of capital
Cost gynhyrchu (costau cynhyrchu) (eb)	Manufacturing cost
Cost (-au) ychwanegiadol (eb)	Incremental cost
Cost (-au) hanesyddol (eb)	Historical cost
Cost (-au) newidiol (eb)	Variable cost
Cost nwyddau a werthwyd (eb)	Cost of goods sold
Cost reoledig (costau rheoledig) (eb)	Controllable cost
Cost ran-newidiol (costau rhan-newidiol)	Semivariable cost
Cost (-au) suddedig (eb)	Sunk cost
Cost (-au) uned (eb)	Unit cost

Cost (-au) uniongyrchol (eb)	Direct cost
Cost wahaniaethol (costau gwahaniaethol) (eb)	Differential cost
Cost (-au) ymwad (eb)	Opportunity cost
Costau di-stoc (ell)	Stockout costs
Costau gwahanadwy (ell)	Separable costs
Costau rhaglennol (ell)	Programmed costs
Costau ymchwil a datblygu (ell)	Research and development costs
Costiad (-au) (eg)	Costing
Costio (be)	Costing
Costio amsugnol (be)	Absorption costing
Credyd (eg)	Credit
Credydwr (credydwyr) (eg)	Creditor
Cromlin ddysgu (eb)	Learning curve
Cromlin nodweddiadol weithredol (eb)	Operating characteristic curve
Cronfa (cronfeydd) (eb)	Reserve
Cronfa adbrisio (cronfeydd adbrisio) (eb)	Revaluation reserve
Cronfa gudd (cronfeydd cudd) (eb)	Hidden reserve
Cronfa gynnal (cronfeydd cynnal) (eb)	Maintenance reserve
Cronfa ostwng (cronfeydd gostwng) (eb)	Sinking fund
Croniad (-au) (eg)	Accrual
Cronnus (a)	Cumulative
Cwmni cyfyngedig (cwmnïau cyfyngedig) (eg)	Limited company
Cwmni cysylltiedig (cwmnïau	Associated company

8

cysylltiedig) (eg)

Cwmni dyroddi (cwmnïau dyroddi) (eg)	Issuing house
Cwmni perchenogol (cwmnïau perchenogol) (eg)	Holding company
Cwmni perthynol (cwmnïau perthynol) (eg)	Affiliated company
Cwmni preifat (cwmnïau preifat) (eg)	Private company
Cwmnïau adrannol (ell)	Divisionalized companies
Cyd-gost (-au) (eb)	Joint cost
Cyd-gynnyrch (cyd-gynhyrchion) (eg)	Joint product
Cydberthyniad (-au) (eg)	Correlation
Cydbwysedd (eg)	Equilibrium
Cydgyfnerthiad (eg)	Consolidation
Cydgyfnerthol (a)	Consolidated
Cydsoddiad (-au) (eg)	Merger
Cydymddygiad (eg)	Behaviour congruence
Cydweddu (be)	Match
Cyfalaf (eg)	Capital
Cyfalaf awdurdodedig (eg)	Authorized capital
Cyfalaf cyfrannau (eg)	Share capital
Cyfalaf cyfredol (eg)	Working capital
Cyfalaf mentr (eg)	Venture capital
Cyfalaf nominal (eg)	Nominal capital
Cyfalaf taledig (eg)	Paid-up capital
Cyfartaledd (eg)	Mean
Cyfartaledd risg (eg)	Risk average
Cyfathiant nod (eg)	Goal congruence

Cyfeirnod (-au) amrywiant (eg)	Coefficient of variation
Cyfeirnod (-au) cydberthyniad (eg)	Correlation coefficient
Cyflogres (-i) (eb)	Payroll
Cyfnewidfa stoc (cyfnewidfeydd stoc) (eb)	Stock exchange
Cyfnod (-au) ad-dalu (eg)	Payback period
Cyfnod (-au) cyfrifeg (eg)	Accounting period
Cyfochrog (a)	Collateral
Cyfradd (-au) adennill (ebg)	Rate of return
Cyfradd adennill fewnol (cyfraddau adennill mewnol) (ebg)	Internal rate of return
Cyfradd adennill ofynnol (cyfraddau adennill gofynnol) (ebg)	Required rate of return
Cyfradd (-au) ailfuddsoddi (ebg)	Reinvestment rate
Cyfradd (-au) cwpon (ebg)	Coupon rate
Cyfradd ddisgowntio (cyfraddau disgowntio) (ebg)	Discount rate
Cyfradd glwyd (cyfraddau clwyd) (ebg)	Hurdle rate
Cyfradd gyfalafu (cyfraddau cyfalafu) (ebg)	Capitalization rate
Cyfradd gyfnewid (cyfraddau cyfnewid) (ebg)	Exchange rate
Cyfradd (-au) cyfnewid (ebg)	Rate of exchange
Cyfradd gyfnewid dramor (cyfraddau cyfnewid tramor) (ebg)	Foreign exchange rate
Cyfradd lafur (cyfraddau llafur) (ebg)	Labour rate
Cyfradd log (cyfraddau llog) (ebg)	Rate of interest

Cyfradd log effeithiol (cyfraddau llog effeithiol) (ebg)	Effective interest rate
Cyfradd dorbwynt (cyfraddau torbwynt) (ebg)	Cut-off rate
Cyfran (-nau) (eb)	Share
Cyfran gronnus (cyfrannau cronnus) (eb)	Cumulative share
Cyfran gyffredin (eb) (cyfrannau cyffredin)	Ordinary share
Cyfranddaliwr (cyfranddalwyr) (eg)	Stockholder
Cyfranddaliwr (cyfranddalwyr) (eg)	Shareholder
Cyfraniad (-au) (eg)	Contribution
Cyfrannedd (eg)	Proportion
Cyfrif (-on) (eg)	Account
Cyfrif (-on) contra (eg)	Contra account
Cyfrif (-on) dosbarthu (eg)	Appropriation account
Cyfrif (-on) dros dro (eg)	Suspense account
Cyfrif (-on) elw a cholled (eg)	Profit and loss account
Cyfrif (-on) incwm (eg)	Income account
Cyfrif (-on) rheoli (eg)	Control Account
Cyfrif (-on) T (eg)	T account
Cyfrifeg adnoddau dynol (eb)	Human resource accounting
Cyfrifeg gost (eb)	Cost accounting
Cyfrifeg gost gyfredol (CGG) (eb)	Current cost accounting (CCA)
Cyfrifeg groniadol (eb)	Accrual accounting
Cyfrifeg gyfrifoldeb (eb)	Responsibility accounting
Cyfrifeg gyllidol (eb)	Financial accounting

Cyfrifeg gymdeithasol (eb)	Social accounting
Cyfrifeg reolaethol (eb)	Management accounting
Cyfrifeg ryngwladol (eb)	International accounting
Cyfrifon anghyflawn (ell)	Incomplete records
Cyfrifon archwiliedig (ell)	Audited accounts
Cyfrifon grŵp	Group accounts
Cyfrifyddiaeth (eb)	Accountancy
Cyfryngwr ariannol (cyfryngwyr ariannol) (eg)	Financial intermediary
Cyfryngiad (eg)	Arbitrage
Cyfuniad (-au) (eg)	Amalgamation
Cyfwerth sicrwydd (eg)	Certainty equivalent
Cyfwng hyder (cyfyngau hyder) (eg)	Confidence interval
Cyllid (eg)	Finance
Cyllideb (-au) (eb)	Budget
Cyllidebau dreiglol (cyllidebau treiglol) (eb)	Rolling budget
Cyllideb gyfansawdd (cyllidebau cyfansawdd) (eb)	Master budget
Cyllideb (-au) hyblyg (eb)	Flexible budget
Cyllideb weithredol (cyllidebau gweithredol) (eb)	Operating budget
Cyllidebu (be)	Budgeting
Cyllidebu ar sail sero (be)	Zero-based budgeting
Cyllidebu cyfalaf (be)	Capital budgeting
Cymdeithas Siartredig Cyfrifwyr Ardystiedig (CSCA) (eb)	Chartered Association of Certified Accountants (CICA)
Cymhareb (cymarebau) (eb)	Ratio

Cymhareb ddyled-ecwiti (cymarebau dyled-ecwiti) (eb)	Debt equity ratio
Cymhareb gyfredol (cymarebau cyfredol) (eb)	Current ratio
Cymhareb pris-enillion (cymarebau pris-enillion) (eb)	Price earnings ratio
Cymhareb sydyn (cymarebau sydyn) (eb)	Quick ratio, acid-test ratio
Cymhelliad (cymhellion) (eg)	Incentive
Cymhwyster (cymwysterau) (eg)	Qualification
Cymorth treiglol (eg)	Roll over relief
Cynhyrchiant (eb)	Productivity
Cynilion (ell)	Savings
Cynllunio strategol (be)	Strategic planning
Cynnig (cynigion) (eg)	Tender
Cyntaf i mewn cyntaf allan (CICA) (a)	First in first out (FIFO)
Cyrhaeddiad offer (eg)	Plant capacity
Cysondeb (eg)	Consistency
Cysoniad (-au) (eg)	Reconciliation
Cysoniad banc (cysoniadau banc) (eg)	Bank reconciliation
Cysyniad endid (-au) (eg)	Entity concept
Chwyddiant (eg)	Inflation
Dadansoddiad (-au) adennill costau (eg)	Breakeven analysis

Dadansoddiad (-au) amrywiant (eg)	Variance analysis
Dadansoddiad (-au) atchweliad (eg)	Regression analysis
Dadansoddiad (-au) budd-gost (DBG) (eg)	Cost-benefit analysis (CBA)
Dadansoddiad (-au) cyfres amser (eg)	Time-series analysis
Dadansoddiad (-au) elw-cost-nifer (DECN) (eg)	Cost-volume-profit analysis (CVPA)
Dadansoddiad (-au) hydeimledd (eg)	Sensitivity analysis
Dadansoddiad (-au) lluosatchweliad (eg)	Multiple regression analysis
Dadansoddiad (-au) tueddiadau (eg)	Trend analysis
Damcaniaeth (-au) asiantaeth (eb)	Agency theory
Damcaniaeth (-au) portffolio (eb)	Portfolio theory
Damcaniaeth werthuso (damcaniaethau gwerthuso) (eb)	Valuation theory
Darpariaeth (-au) (eb)	Provision
Datganiad (-au) (eg)	Statement
Datganiad (-au) ariannol (eg)	Financial statement
Datganiad (-au) cofrestru (eg)	Registration statement
Datganiad (-au) cyllidol (eg)	Funds flow statement
Datganiad (-au) llif arian (eg)	Cash flow statement
Datganiad o arferion cyfrifeg safonol (DACS)(eg)	Statement of Standard Accounting Practice (SSAP)
Datganoli (be)	Decentralize
Datod (be)	Liquidate
Debyd (-au) (eg)	Debit
Deddf Cwmnïau (eb)	Companies Act
Derbyniad (-au) (eg)	Revenue

14

Derbynnydd (derbynyddion) (eg)	Receiver
Deunydd crai (eg)	Raw material
Dewis (-iadau) (eg)	Option
Dewis (-iadau) gwerthu (eg)	Put option
Dewis (-iadau) prynu (eg)	Call option
Dewis (-iadau) stoc (eg)	Stock option
Diagram gwasgarlun (eg)	Scatter diagram
Dibrisiant (eg)	Depreciation
Dibrisiant cronedig (eg)	Accumulated depreciation
Dibrisiant cyflymedig (eg)	Accelerated depreciation
Dibrisiant llinol (eg)	Straight line depreciation
Dibrisiant swm y blynyddoedd (eg)	Sum of the years depreciation
Diddyled (a)	Solvent
Difidend (-au) (eg)	Dividend
Difidend (-au) taladwy (eg)	Dividend payable
Diffyg (-ion) (eg)	Deficit
Diffygdaliad (-au) (eg)	Default
Diffygdalu (be)	Default
Dileu (be)	Write off
Dirprwy (-on) (eg)	Proxy
Disgowntio (be)	Discount
Di-fantolen (a)	Off balance sheet
Disgwyliadau rhesymol (ell)	Rational expectations
Diwydiant gwladoledig (diwydiannau gwladoledig) (eg)	Nationalized industry
Dogfen drafod (dogfennau trafod) (eb)	Exposure draft
Dogfen wreiddiol (dogfennau	Source document

gwreiddiol) (eb)

Dogni cyfalaf (eg)	Capital rationing
Dosbarth risg (eg)	Risk class
Dosbarthiad (-au) (eg)	Distribution
Dosbarthiad amledd (eg)	Frequency distribution
Dosraniad normal (eg)	Normal distribution
Dros risg (a)	Risk seeking
Dros y cownter (a)	Over the counter
Drwg ewyllys (eg)	Negative goodwill
Drwgddyled (-ion) (eb)	Bad debt
Dull ad-dalu (eg)	Payback method
Dull cost llawn (eg)	Full cost method
Dull cronni llog (eg)	Pooling of interest method
Dyddlyfr (-au) (eg)	Daybook
Dyled (-ion) (eb)	Debt
Dyledeb (-au) (eb)	Debenture
Dyledrwydd (eg)	Indebtedness
Dyledwr (dyledwyr) (eg)	Debtor
Dyraniad (-au) (eg)	Allocation
Dyroddiad (-au) bonws (eg)	Bonus issue
Dyroddiad (-au) cyfrannau (eg)	Share issue
Dyroddiad (-au) hawlddewis (eg)	Rights issue
Dyroddiad (-au) sgrip (eg)	Scrip issue
Ecwiti (eg)	Equity
Ecwiti perchnogol (eg)	Owners' equity
Efelychiad (-au) (eg)	Simulation
Effaith gylchol (eb)	Cyclical effect

Effeithlonrwydd (eg)	Efficiency
Egwyddor gyfrifeg dderbyniol (eb)	Generally accepted accounting principle (GAAP)
Egwyddor gyfrifeg (egwyddorion cyfrifeg) (eb)	Accounting principle
Eiddo rhydd-ddaliad (eg)	Freehold property
Eitem (-au) anghyffredin (eb)	Extraordinary item
Eitemau ariannol (ell)	Monetary items
Eitem (-au) eithriadol (eb)	Exceptional item
Elw (eg)	Profit
Elw annisgwyl (eg)	Windfall profit
Elw ar bapur (eg)	Paper profit
Elw i'w ddal (eg)	Holding gain
Elw dros ben (eg)	Excess profits
Elw gweithredol (eg)	Operating profit
Elw gweithredol cyfredol (eg)	Current operating profit
Elw heb ei ddosbarthu (eg)	Undistributed earnings
Endid (-au) (eg)	Entity
Ennill (enillion) (eg)	Gain
Enillion argadwedig (ell)	Retained earnings
Enillion y gyfran (ell)	Earnings per share
Erthyglau Cwmni (ell)	Articles of Association
Etholfraint (etholfreintiau) (eb)	Franchise
Ewyllys da (eg)	Goodwill
Ffactoreiddio (be)	Factoring
Ffeil barhaol (eb)	Permanent file
Ffin (-iau) (eb)	Margin

Ffin elw gros (-iau) (eb)	Gross profit margin
Ffin gynhyrchu (ffiniau cynhyrchu) (eb)	Production margin
Ffwythiant cost (eg)	Cost function
Fframwaith sefydliad (eg)	Organization structure
Fframwaith tymhorol cyfraddau llog (eg)	Term structure of interest rates
Ffynonellau a defnyddiau cyllid	Source and application of funds
Gallu prynu cyfredol (GPC) (eg)	Current purchasing power (CPP)
Goramser (eg)	Overtime
Gorfasnachu (be)	Overtrading
Gorgodiad (-au) banc (eg)	Bank overdraft
Gorgodiad (-au) (eg)	Overdraft
Gosod (be)	Post
Gostyngiad (-au) (eg)	Discount
Gostyngiad (-au) masnachol	Trade discount
Gwaith ar waith (eg)	Work in progress
Gwall (-au) (eg)	Error
Gwarant (-oedd) (eg)	Security
Gwarant (-oedd) di-restr (eg)	Unlisted security
Gwarant heb ei ddyfynnu (eg)	Unquoted security
Gwarantoedd gwerthadwy (ell)	Marketable securities
Gwarantoedd rhestredig (ell)	Listed securities
Gwarged (eg)	Surplus
Gweddill ad-brisiad (gweddillion ad-brisiad) (eg)	Revaluation surplus

Gwariant (eg)	Expenditure
Gweddill (-ion) (eg)	Balance
Gweddill agoriadol (eg)	Opening balance
Gweddill terfynol (eg)	Closing balance
Gweiddi rhydd (be)	Open outcry
Gwerth (-oedd) (eg)	Value
Gwerth achub (eg)	Salvage value
Gwerth ar bapur (eg)	Book value
Gwerth ar bapur net (eg)	Net book value
Gwerth difeddiant (eg)	Deprival value
Gwerth disgwyliedig (eg)	Expected value
Gwerth gwerthadwy (eg)	Disposal value
Gwerth hepgor (eg) (gwerthoedd hepgor)	Abandonment value
Gwerth ildio (eg)	Surrender value
Gwerth net (eg)	Net worth
Gwerth net presennol (eg)	Net present value
Gwerth par (eg)	Par value
Gwerth presennol (eg)	Present value
Gwerth presennol disgowntiedig (eg)	Discounted present value
Gwerth realeiddiedig net (eg)	Net realizable value
Gwerth sgrap (eg)	Scrap value
Gwerth yn y farchnad (eg)	Market value
Gwerthiant ac ôl-les (eg)	Sale and leaseback
Gwerthostyngiad (eg)	Devaluation
Gwirio (be)	Verify
Gwrth risg (a)	Risk averse

Gwrthrychedd (eg)	Objectivity
Gwyrgamedd (eg)	Skewness
Gwyriad safonol (eg)	Standard deviation
Hafaliad cyfrifeg (eg)	Accounting equation
Hapddaliwr (hapddalwyr) (eg)	Stakeholder
Hapsampl (-au) (eg)	Random sample
Hollt stoc (egb)	Stock split
Hylifedd (eg)	Liquidity
Incwm (eg)	Income
Incwm buddsoddiad ffrancedig (eg)	Franked investment income
Incwm disgwyliedig (eg)	Expected income
Incwm dros ben (eg)	Residual income
Incwm ffiniol (eg)	Marginal revenue
Incwm gweithredol net (eg)	Net operating income
Incwm o eiddo (eg)	Unearned income
Isafswm cost neu werth y farchnad (eg)	Lower of cost or market value
Is-gwmni (is-gwmnïau) (eg)	Subsidiary
Les (eb)	Lease
Lwfans cyfalaf (eg)	Capital allowance
Lwfans (-au) (eg)	Allowance

Llechres (-i) (eb)	Inventory
Llif arian (eb)	Cash flow
Llif ariannol (eb)	Flow of funds
Llif arian disgowntiedig (eg)	Discounted cash flow
Llinell farchnad warant (eb)	Security market line
Llinell isaf (eb)	Bottom line
Llinell nodwedd (eb)	Characteristic line
Lloches rhag trethi (eb)	Tax shelter
Llog (eg)	Interest
Llog syml (eg)	Simple interest
Llinol (a)	Linear
Llyfr cofnodiad gwreiddiol (eg)	Book of original entry
Llyfr cyfrifon (eg)	Ledger
Llyfrifo dwbl (be)	Double entry book-keeping
Llyfrifo sengl (be)	Single entry book-keeping

Maes canlyniadau allweddol (eg)	Key results area
Maint archeb economaidd (eg)	Economic order quantity
Mantolen (-ni) (eb)	Balance sheet
Marchnad gyfalaf effeithlon (marchnadoedd cyfalaf effeithlon) (eb)	Efficient capital market
Marchnad gyfryngol (marchnadoedd cyfryngol) (eb)	Intermediate market
Marchnad stoc (marchnadoedd stoc) (eb)	Stock market

Marchnadoedd nwyddau (ell)	Commodity markets
Masnachu mewnol (be)	Insider trading
Meddalwedd (eb)	Software
Memorandwm sefydlu (eg)	Memorandum of Association
Methdaliad (-au) (eg)	Bankruptcy
Model Prisio Ased Cyfalaf (MPAC) (eg)	Capital Asset Pricing Model (CAI

Nawdd cymdeithasol (eg)	Social security
Nifer samplu cyfartalog (ebg)	Average sampling number (ASN)
Nod masnach	Trade mark

Oes economaidd (eb)	Economic life
Olaf i mewn cyntaf allan (OICA) (a)	Last in first out (LIFO)
Ôl-ddibrisiant (eg)	Backlog depreciation
Ôl-les (eb)	Lease back
Osgoi trethi (be)	Tax evasion

Partneriaeth (-au) (eb)	Partnership
Patent (-au) (eg)	Patent
Perchnogaeth (eb)	Proprietorship
Potensial segur (eg)	Idle capacity
Prawf arwyddocâd (eg)	Significance test; test of significan
Prawf cydsyniad (eg)	Test of compliance
Prawf cydsynio (eg)	Compliance test

Prawf gweddill (-ion) (eg)	Trial balance
Premiwm (premiymau) (eg)	Premium
Premiwm cyfran (eg)	Share premium
Premiwm risg (eg)	Risk premium
Prif gostau (ell)	Prime costs
Prifswm (eg)	Principal
Priodoladwy (a)	Attributable
Pris (-iau) (eg)	Charge
Pris ar y pryd (eg)	Spot price
Pris gohiriedig (eg)	Deferred charge
Pris trosglwyddo (eg)	Transfer price
Pris ymarferiad (eg)	Exercise price
Profi sylweddol (be)	Substantive testing
Prosbectws (prosbectysau) (eg)	Prospectus
Prosesu data (be)	Data processing
Prydles (-au) (eb)	Lease hold
Prydlesai (prydlesion) (eg)	Lessee
Prydleswr (prydleswyr) (eg)	Lessor
Pryniant (pryniannau) (eg)	Purchase
Pwyll (eg)	Prudence
Pwyllgor Safonau Cyfrifeg Rhyngwladol (PSCRh) (eg)	International Accounting Standards Committee (IASC)
Pwyllgor Safonau Cyfrifeg (PSC) (eg)	Accounting Standards Committee (ASC)
Realeiddio (be)	Realization
Refeniw heb ei wireddu (eg)	Unrealized revenue

23

Risg (-au) (eg)	Risk
Risg ansystematig (eg)	Unsystematic risk
Risg cynhyrchwr (eg)	Producer's risk
Risg di-duedd (a)	Risk neutral
Risg prynwr (eg)	Consumer's risk
Risg systematig (eg)	Systematic risk
Rhagdraul (rhagdreuliau) (eb)	Prepaid expense
Rhagfantoli (be)	Hedge
Rhaglennu cwadratig (be)	Quadratic programming
Rhaglennu cyfanrif (be)	Integer programming
Rhaglennu llinol (be)	Linear programming
Rhagolwg (rhagolygon) (eg)	Forecast
Rhandal (-iadau) (eg)	Instalment
Rheolaeth ansawdd (eb)	Quality control
Rheolaeth fewnol (eb)	Internal control
Rheolaeth trwy eithriad (be)	Management by exception
Rheolaeth trwy nod (be)	Management by objective
Rhestr (-au) (eb)	Schedule
Rhiant-gwmni (rhiant-gwmnïau) (eg)	Parent company
Rhwymedigaeth (-au) (eb)	Liability
Rhwymedigaeth amodol (eb)	Contingent liability
Rhwymedigaeth ddiderfyn (eb)	Unlimited liability
Rhwymedigaeth gronedig (rhwymedigaethau cronedig) (eb)	Accrued liability
Rhwymedigaeth gyfyngedig (eb)	Limited liability
Rhwymedigaethau cyfredol (ell)	Current liabilities

Rhychwant rheolaeth (eg)	Span of control
Rhyngosodiad (-au) (eg)	Interpolation
Safon (-au) (eb)	Standard
Sail imprest (eb)	Imprest basis
Sampl (-au) (eb)	Sample
Sampl briodoleddau (eb)	Attributes sample
Sampl debygolrwydd (eb)	Probability sample
Sampl dderbyniadau (samplau derbyniadau) (eb)	Acceptance sample
Sampl farnol (eb)	Judgement sample
Sampl glwstwr (eb)	Cluster sample
Sampl systematig (eb)	Systematic sample
Sampl ymchwiliol (eg)	Discovery sample
Sampl ystadegol (eb)	Statistical sample
Sefydliad Cyfrifwyr Siartredig Cymru a Lloegr (SCSCLl)	Institute of Chartered Accountants in England and Wales (ICAEW)
Sefydliad di-elw (eg)	Non-profit organization
Sefydliad Siartredig Cyfrifwyr Cost a Rheolaeth (eg) (SSCCRh)	Chartered Institute of Cost and Management Accountants (CICMA)
Sefydliad Siartredig Cyllid Cyhoeddus a Chyfrifyddiaeth (eg) (SSCCC)	Chartered Institute of Public Finance and Accountancy (CIPFA)
Sefydliad Siartredig Ysgrifenyddion a Gweinyddwyr (eg) (SSYG)	Institute of Chartered Secretaries and Administrators (ICSA)
Siart adennill costau (eg)	Breakeven chart
Siart rheoli (eg)	Control chart

Siart rhediad (eg)	Flow chart
Sicrwydd difidend (eg)	Dividend cover
Stiwardiaeth (eb)	Stewardship
Stoc (-iau) (eg)	Stock
Stoc cyffredin (eg)	Common stock
Stoc blaenoriaethol (eg)	Preferred stock
Swm am byth (eg)	Perpetuity
Swm sgwariau lleiaf (eg)	Sum of least squares
Swp-brosesu (be)	Batch processing
Sylweddolaeth (eb)	Materiality
Symbyliad (-au) (eg)	Motivation
Synergi (eg)	Synergy
System gost safonol (eb)	Standard cost system
System gontrol rheolaeth (systemau control rheolaeth) (eb)	Management control system
System gyfrifeg (systemau cyfrifeg) (eb)	Accounting system
System wybodaeth (systemau gwybodaeth) (eb)	Information system
Tâl cyfarwyddwyr (eg)	Directors' emoluments
Tanysgrifennwr (tanysgrifenwyr) (eg)	Underwriter
Tebygolrwydd (eg)	Probability
Techneg Rhaglen Gwerthuso ac Adolygu (TRhGA)	Performance Evaluation and Review Technique (PERT)
Terfyn ansawdd allanion cyfartalog (TAAC)	Average outgoing quality limit (AOQL)
Trafodadwy (a)	Negotiable

Trafodyn (trafodion) (eg)	Transaction
Traul (treuliau) (eb)	Expense
Traul gronedig (treuliau cronedig) (eb)	Accrued expense
Treth Ar Werth (eb)	Value Added Tax
Treth doll (eb)	Excise tax
Treth Drosglwyddo Cyfalaf (TDC) (eb)	Capital Transfer Tax (CTT)
Treth Enillion ar Gyfalaf (TEG) (eb)	Capital Gains Tax (CGT)
Treth etifedd (eb)	Inheritance tax
Treth gorfforaeth (eb)	Corporation tax
Treth incwm (eb)	Income tax
Treth osgoi (eb)	Tax evasion
Treuliant (eg)	Consumption
Trosiant (eg)	Turnover
Trothwy elw (eg)	Breakeven point
Trosi arian tramor (be)	Foreign currency translation
Trosoledd cyllidol (eg)	Financial leverage
Trosoledd (eg)	Leverage
Trywydd archwiliad (eg)	Audit trail
Tueddiadau llinol (ell)	Linear trends
Twyll (eg)	Fraud
Tŷ derbyniadau (tai derbyniadau) (eg)	Acceptance house
Tymor byr (eg)	Short term
Tymor canolig (eg)	Medium term
Tymor hir (eg)	Long term

Tyniad (eg)	Drawing
Uchafu elw (be)	Profit maximization
Uned brosesu ganolog (UBG) (eb)	Central processing unit (CPU)
Unig berchenogaeth (eb)	Sole proprietorship
Uniongyrchol (a)	Direct
Wedi torri (a)	Insolvent
Ychwanegiad (-au) (eg)	Markup
Ymchwil weithrediadol (eb)	Operations research
Ymddiriedol (a)	Fiduciary
Ymddygiad datweithredol (eg)	Dysfunctional behaviour
Ymgydberthyniad (-au) (eg)	Autocorrelation
Ystod berthnasol (eb)	Relevant range

SAESNEG - CYMRAEG

Abandonment value	Gwerth hepgor (eg) (gwerthoedd hepgor)
Abnormal	Annormal (a)
Absorption	Amsugnad (eg)
Absorption costing	Costio amsugnol (be)
Absorption	Amsugnad (eg)
Accelerated depreciation	Dibrisiant cyflymedig (eg)
Acceptance house	Tŷ derbyniadau (tai derbyniadau) (eg)
Acceptance sample	Sampl dderbyniadau (samplau derbyniadau) (eb)
Accountancy	Cyfrifyddiaeth (eb)
Accounting equation	Hafaliad cyfrifeg (eg)
Accounting period	Cyfnod (-au) cyfrifeg (eg)
Accounting principle	Egwyddor gyfrifeg (egwyddorion cyfrifeg) (eb)
Accounting Standards Board (ASB)	Bwrdd Safonau Cyfrifeg (BSC) (eg)
Accounting Standards Committee (ASC)	Pwyllgor Safonau Cyfrifeg (PSC) (eg)
Accounting system	System gyfrifeg (systemau cyfrifeg) (eb)
Account	Cyfrif (-on) (eg)
Accrual accounting	Cyfrifeg groniadol (eb)
Accrual	Croniad (-au) (eg)
Accrued expense	Traul gronedig (treuliau cronedig) (eb)
Accrued liability	Rhwymedigaeth gronedig (rhwymedigaethau cronedig) (eb)

Accumulated depreciation	Dibrisiant cronedig (eg)
Acquisition	Caffaeliad (caffaeliaid) (eg)
Acquisition cost	Cost (-au) caffaeliad (eb)
Adjustment	Addasiad (-au) (eg)
Advance Corporation Tax (ACT)	Blaen-Dreth Gorfforaeth (BDG) (eb)
Affiliated company	Cwmni perthynol (cwmnïau perthynol) (eg)
Agency theory	Damcaniaeth (-au) asiantaeth (eb)
Agent	Asiant (-iaid) (eg)
Algorithm	Algorithm (-au) (eg)
Allocation	Dyraniad (-au) (eg)
Allowance	Lwfans (-au) (eg)
Amalgamation	Cyfuniad (-au) (eg)
Amortization	Amorteiddiad (-au) (eg)
Amortize	Amorteiddio (be)
Analytical review	Adolygiad (-au) dadansoddol (eg)
Annuity	Blwydd-dal (blwydd-daliadau) (eg)
Appreciate	Arbrisio (be)
Appreciation	Arbrisiant (eg)
Appropriation account	Cyfrif (-on) dosbarthu (eg)
Arbitrage	Cyfryngiad (eg)
Articles of Association	Erthyglau Cwmni (ell)
Asset	Ased (-au) (eg)
Associated company	Cwmni cysylltiedig (cwmnïau cysylltiedig) (eg)
Attributable	Priodoladwy (a)
Attributes sample	Sampl briodoleddau (eb)
Audit	Archwiliad (-au) (eg)

Audited accounts	Cyfrifon archwiliedig (ell)
Auditor	Archwiliwr (archwilwyr) (eg)
Audit trail	Trywydd archwiliad (eg)
Authorized capital	Cyfalaf awdurdodedig (eg)
Autocorrelation	Ymgydberthyniad (-au) (eg)
Average cost	Cost gyfartalog (costau cyfartalog) (eb)
Average outgoing quality (AOQ)	Ansawdd allanion cyfartalog (eg)
Average outgoing quality limit (AOQL)	Terfyn ansawdd allanion cyfartalog (TAAC)
Average sampling number (ASN)	Nifer samplu cyfartalog (ebg)
Backlog depreciation	Ôl-ddibrisiant (eg)
Bad debt	Drwgddyled (-ion) (eb)
Balance sheet	Mantolen (-ni) (eb)
Balance	Gweddill (-ion) (eg)
Bank overdraft	Gorgodiad (-au) banc (eg)
Bank reconciliation	Cysoniad banc (cysoniadau banc) (eg)
Bankruptcy	Methdaliad (-au) (eg)
Batch processing	Swp-brosesu (be)
Behaviour congruence	Cydymddygiad (eg)
Beneficial interest	Budd-log (-au) (eg)
Benefit in kind	Budd-dal (budd-daliadau) (eg)
Bill of exchange	Bil (-iau) cyfnewid (eg)
Bill of sale	Bil (-iau) gwerthiant (eg)
Board of directors	Bwrdd cyfarwyddwyr (eg)
Bond	Bond (-iau) (eg)
Bonus issue	Dyroddiad (-au) bonws (eg)

Book of original entry	Llyfr cofnodiad gwreiddiol (eg)
Book value	Gwerth ar bapur (eg)
Bottom line	Llinell isaf (eb)
Breakeven analysis	Dadansoddiad (-au) adennill costau (eg)
Breakeven chart	Siart adennill costau (eg)
Breakeven point	Trothwy elw (eg)
Broker	Brocer (-iaid) (eg)
Budget	Cyllideb (-au) (eb)
Budgeting	Cyllidebu (be)
Budget variance	Amrywiant cyllidebol (amrywiannau cyllidebol) (eg)
Call option	Dewis prynu (dewisiadau prynu) (eg)
Capital allowance	Lwfans cyfalaf (eg)
Capital Asset Pricing Model (CAPM)	Model Prisio Ased Cyfalaf (MPAC) (eg)
Capital budgeting	Cyllidebu cyfalaf (be)
Capital Gains Tax (CGT)	Treth Enillion ar Gyfalaf (TEG) (eb)
Capital rationing	Dogni cyfalaf (eg)
Capital structure	Adeiledd cyfalaf (eg)
Capital Transfer Tax (CTT)	Treth Drosglwyddo Cyfalaf (TDC) (eb)
Capitalization rate	Cyfradd gyfalafu (cyfraddau cyfalafu (ebg)
Capital	Cyfalaf (eg)
Cash flow statement	Datganiad (-au) llif arian (eg)

Cash flow	Llif arian (eb)
Cash	Arian (eg)
Central processing unit (CPU)	Uned brosesu ganolog (UBG) (eb)
Certainty equivalent	Cyfwerth sicrwydd (eg)
Characteristic line	Llinell nodwedd (eb)
Charge	Codiant (eg); pris (-iau) (eg); codi tâl (be)
Chartered Association of Certified Accountants (CICA)	Cymdeithas Siartredig Cyfrifwyr Ardystiedig (CSCA) (eb)
Chartered Institute of Public Finance and Accountancy (CIPFA)	Sefydliad Siartredig Cyllid Cyhoeddus a Chyfrifyddiaeth (eg) (SSCCC)
Chartered Institute of Cost and Management Accountants (CICMA)	Sefydliad Siartredig Cyfrifwyr Cost a Rheolaeth (eg) (SSCCRh)
Closing balance	Gweddill terfynol (eg)
Cluster sample	Sampl glwstwr (eb)
Coefficient of variation	Cyfeirnod (-au) amrywiant (eg)
Collateral	Cyfochrog (a)
Columnar	Colofnol (a)
Commodity markets	Marchnadoedd nwyddau (ell)
Common stock	Stoc cyffredin (eg)
Companies Act	Deddf Cwmnïau (eb)
Compliance test	Prawf cydsynio (eg)
Compound interest	Adlog (eg)
Confidence interval	Cyfwng hyder (cyfyngau hyder) (eg)
Conservatism	Ceidwadaeth (eb)
Consistency	Cysondeb (eg)
Consolidated	Cydgyfnerthol (a)

Consolidation	Cydgyfnerthiad (eg)
Consumer's risk	Risg prynwr (eg)
Consumption	Treuliant (eg)
Contingent liability	Rhwymedigaeth amodol (eb)
Contra account	Cyfrif (-on) contra (eg)
Contribution	Cyfraniad (-au) (eg)
Control Account	Cyfrif (-on) rheoli (eg)
Control chart	Siart rheoli (eg)
Controllable cost	Cost reoledig (costau rheoledig) (eb)
Convention	Confensiwn (confensiynau) (eg)
Convertible bond	Bond (-iau) amnewidiol (eg)
Corporation tax	Treth gorfforaeth (eb)
Corporation	Corfforaeth (-au) (eb)
Correlation coefficient	Cyfeirnod (-au) cydberthyniad (eg)
Correlation	Cydberthyniad (-au) (eg)
Cost accounting	Cyfrifeg gost (eb)
Cost-benefit analysis (CBA)	Dadansoddiad (-au) budd-gost (DBG) (eg)
Cost centre	Canolfan gost (canolfannau cost) (eb)
Cost function	Ffwythiant cost (eg)
Costing	Costiad (-au) (eg); costio (be)
Cost of capital	Cost (-au) cyfalaf (eb)
Cost of goods sold	Cost nwyddau a werthwyd (eb)
Cost of sales	Cost gwerthiant (eb)
Cost-volume-profit analysis (CVPA)	Dadansoddiad (-au) elw-cost-nifer (DECN) (eg)
Coupon rate	Cyfradd (-au) cwpon (ebg)
Creditor	Credydwr (credydwyr) (eg)

Credit	Credyd (eg)
Cumulative	Cronnus (a)
Cumulative share	Cyfran gronnus (cyfrannau cronnus) (eb)
Current asset	Ased (-au) cyfredol (eg)
Current cost accounting (CCA)	Cyfrifeg gost gyfredol (CGG) (eb)
Current liabilities	Rhwymedigaethau cyfredol (ell)
Current operating profit	Elw gweithredol cyfredol (eg)
Current purchasing power (CPP)	Gallu prynu cyfredol (GPC) (eg)
Current ratio	Cymhareb gyfredol (cymarebau cyfredol) (eb)
Cut-off rate	Cyfradd dorbwynt (cyfraddau torbwynt) (ebg)
Cyclical effect	Effaith gylchol (eb)
Data processing	Prosesu data (be)
Daybook	Dyddlyfr (-au) (eg)
Debenture	Dyledeb (-au) (eb)
Debit	Debyd (-au) (eg)
Debt	Dyled (-ion) (eb)
Debt equity ratio	Cymhareb ddyled-ecwiti (cymarebau dyled-ecwiti) (eb)
Debtor	Dyledwr (dyledwyr) (eg)
Decentralize	Datganoli (be)
Decision tree	Coeden benderfyniadau (eb)
Default	Diffygdaliad (-au) (eg); diffygdalu (be)
Deferred charge	Pris gohiriedig (eg)

Deficit	Diffyg (-ion) (eg)
Depreciation	Dibrisiant (eg)
Deprival value	Gwerth difeddiant (eg)
Devaluation	Gwerthostyngiad (eg)
Differential cost	Cost wahaniaethol (costau gwahaniaethol) (eb)
Direct	Uniongyrchol (a)
Direct cost	Cost (-au) uniongyrchol (eb)
Directors' emoluments	Tâl cyfarwyddwyr (eg)
Direct	Uniongyrchol (a)
Discount	Gostyngiad (-au) (eg); disgowntio (be)
Discount rate	Cyfradd ddisgowntio (cyfraddau disgowntio) (ebg)
Discounted cash flow	Llif arian disgowntiedig (eg)
Discounted present value	Gwerth presennol disgowntiedig (eg)
Discovery sample	Sampl ymchwiliol (eg)
Disposal value	Gwerth gwerthadwy (eg)
Distribution	Dosbarthiad (-au) (eg)
Diversification	Amryfalaeth (eg)
Dividend	Difidend (-au) (eg)
Dividend cover	Sicrwydd difidend (eg)
Dividend payable	Difidend (-au) taladwy (eg)
Divisionalized companies	Cwmnïau adrannol (ell)
Double entry book-keeping	Llyfrifo dwbl (be)
Drawing	Tyniad (eg)
Dysfunctional behaviour	Ymddygiad datweithredol (eg)

Earnings per share	Enillion y gyfran (ell)
Economic life	Oes economaidd (eb)
Economic order quantity	Maint archeb economaidd (eg)
Effective interest rate	Cyfradd log effeithiol (cyfraddau llog effeithiol) (ebg)
Efficiency	Effeithlonrwydd (eg)
Efficient capital market	Marchnad gyfalaf effeithlon (marchnadoedd cyfalaf effeithlon) (eb)
Entity	Endid (-au) (eg)
Entity concept	Cysyniad endid (-au) (eg)
Equilibrium	Cydbwysedd (eg)
Equity	Ecwiti (eg)
Error	Gwall (-au) (eg)
Exceptional item	Eitem (-au) eithriadol (eb)
Excess profits	Elw dros ben (eg)
Exchange rate	Cyfradd gyfnewid (cyfraddau cyfnewid) (ebg)
Excise tax	Treth doll (eb)
Exercise price	Pris ymarferiad (eg)
Expected income	Incwm disgwyliedig (eg)
Expected value	Gwerth disgwyliedig (eg)
Expenditure	Gwariant (eg)
Expense	Traul (treuliau) (eb)
Exposure draft	Dogfen drafod (dogfennau trafod) (eb)
Extraordinary item	Eitem (-au) anghyffredin (eb)
Extraordinary loss	Colled (-ion) anghyffredin (eb)

Face value	Arwynebwerth (eg)
Factoring	Ffactoreiddio (be)
Feedback	Adborth (eg)
Fiduciary	Ymddiriedol (a)
Finance	Cyllid (eg)
Financial accounting	Cyfrifeg gyllidol (eb)
Financial futures	Blaendrafodion ariannol (ell)
Financial intermediary	Cyfryngwr ariannol (cyfryngwyr ariannol) (eg)
Financial leverage	Trosoledd cyllidol (eg)
Financial statement	Datganiad (-au) ariannol (eg)
First in first out (FIFO)	Cyntaf i mewn cyntaf allan (CICA) (a)
Fiscal year	Blwyddyn ariannol (eb)
Fixed asset	Ased (-au) sefydlog (eg)
Fixed percentage	Canran osodedig (canrannau gosodedig) (eb)
Flexible budget	Cyllideb (-au) hyblyg (eb)
Flotation cost	Cost (-au) arnofiant (eb)
Flow chart	Siart rhediad (eg)
Flow of funds	Llif ariannol (eb)
Forecast	Rhagolwg (rhagolygon) (eg)
Foreign currency translation	Trosi arian tramor (be)
Foreign exchange rate	Cyfradd gyfnewid dramor (cyfraddau cyfnewid tramor) (ebg)
Forward rate	Blaengyfradd (-au) (eb)
Franchise	Etholfraint (etholfreintiau) (eb)
Franked investment income	Incwm buddsoddiad ffrancedig (eg)

Fraud	Twyll (eg)
Freehold property	Eiddo rhydd-ddaliad (eg)
Frequency distribution	Dosbarthiad amledd (eg)
Full cost method	Dull cost llawn (eg)
Funds flow statement	Datganiad (-au) cyllidol (eg)
Gain	Ennill (enillion) (eg)
Gearing adjustment	Addasiad (-au) gerio (eg)
Generally accepted accounting principle (GAAP)	Egwyddor gyfrifeg dderbyniol (eb)
Goal congruence	Cyfathiant nod (eg)
Going concern	Busnes byw (eg)
Goodwill	Ewyllys da (eg)
Gross profit margin	Ffin elw gros (-iau) (eb)
Group accounts	Cyfrifon grŵp
Hedge	Rhagfantoli (be)
Hidden reserve	Cronfa gudd (cronfeydd cudd) (eb)
Historical cost	Cost (-au) hanesyddol (eb)
Holding company	Cwmni perchenogol (cwmnïau perchenogol) (eg)
Holding gain	Elw i'w ddal (eg)
Human resource accounting	Cyfrifeg adnoddau dynol (eb)
Hurdle rate	Cyfradd glwyd (cyfraddau clwyd) (ebg)
Idle capacity	Potensial segur (eg)

Imprest basis	Sail imprest (eb)
Imputed cost	Cost briodoledig (costau priodoledig) (eb)
Incentive	Cymhelliad (cymhellion) (eg)
Income account	Cyfrif (-on) incwm (eg)
Income tax	Treth incwm (eb)
Income	Incwm (eg)
Incomplete records	Cyfrifon anghyflawn (ell)
Incorporated	Corfforedig (a)
Incremental cost	Cost (-au) ychwanegiadol (eb)
Indebtedness	Dyledrwydd (eg)
Independence	Annibyniaeth (eb)
Indirect cost	Cost (-au) anuniongyrchol (eb)
Inflation	Chwyddiant (eg)
Information system	System wybodaeth (systemau gwybodaeth) (eb)
Inheritance tax	Treth etifedd (eb)
Insider trading	Masnachu mewnol (be)
Insolvent	Wedi torri (a)
Instalment	Rhandal (-iadau) (eg)
Institute of Chartered Accountants in England and Wales (ICAEW)	Sefydliad Cyfrifwyr Siartredig Cymr a Lloegr (SCSCLl)
Institute of Chartered Secretaries and Administrators (ICSA)	Sefydliad Siartredig Ysgrifenyddion Gweinyddwyr (eg) (SSYG)
Intangible asset	Ased (-au) anghyffwrddadwy (eg)
Integer programming	Rhaglennu cyfanrif (be)
Interest	Llog (eg)
Interim report	Adroddiad (-au) cyfamser (eg)

Intermediate market	Marchnad gyfryngol (marchnadoedd cyfryngol) (eb)
Internal auditing	Archwiliad mewnol (eg)
Internal control	Rheolaeth fewnol (eb)
Internal rate of return	Cyfradd adennill fewnol (cyfraddau adennill mewnol) (ebg)
International accounting	Cyfrifeg ryngwladol (eb)
International Accounting Standards Committee (IASC)	Pwyllgor Safonau Cyfrifeg Rhyngwladol (PSCRh) (eg)
Interpolation	Rhyngosodiad (-au) (eg)
Inventory	Llechres (-i) (eb)
Investment	Buddsoddiad (-au) (eg)
Invoice	Anfoneb (-au) (eb)
Issuing house	Cwmni dyroddi (cwmnïau dyroddi) (eg)
Joint cost	Cyd-gost (-au) (eb)
Joint product	Cyd-gynnyrch (cyd-gynhyrchion) (eg)
Journal entry	Cofnod jwrnal (eg)
Judgement sample	Sampl farnol (eb)
Key results area	Maes canlyniadau allweddol (eg)
Labour efficiency variance	Amrywiant effeithlonrwydd llafur (eg)
Labour rate	Cyfradd lafur (cyfraddau llafur) (ebg)
Last in first out (LIFO)	Olaf i mewn cyntaf allan

43

	(OICA) (a)
Lead time	Amser (-au) blaenori (eg)
Learning curve	Cromlin ddysgu (eb)
Lease	Les (eb)
Lease back	Ôl-les (eb)
Lease hold	Prydles (-au) (eb)
Ledger	Llyfr cyfrifon (eg)
Lessee	Prydlesai (prydlesion) (eg)
Lessor	Prydleswr (prydleswyr) (eg)
Leverage	Trosoledd (eg)
Liability	Rhwymedigaeth (-au) (eb)
Limited company	Cwmni cyfyngedig (cwmnïau cyfyngedig) (eg)
Limited liability	Rhwymedigaeth gyfyngedig (eb)
Line authority	Awdurdod llinol (eg)
Line regression	Atchweliad (-au) llinol (eg)
Linear	Llinol (a)
Linear programming	Rhaglennu llinol (be)
Linear trends	Tueddiadau llinol (ell)
Liquid assets	Asedau hylifol (ell)
Liquidate	Datod (be)
Liquidity	Hylifedd (eg)
Listed securities	Gwarantoedd rhestredig (ell)
Long term	Tymor hir (eg)
Loss	Colled (-ion) (eb)
Lower of cost or market value	Isafswm cost neu werth y farchnad (eg)

Maintenance reserve	Cronfa gynnal (cronfeydd cynnal) (eb)
Management accounting	Cyfrifeg reolaethol (eb)
Management by exception	Rheolaeth trwy eithriad (be)
Management by objective	Rheolaeth trwy nod (be)
Management control system	System gontrol rheolaeth (systemau control rheolaeth) (eb)
Manufacturing cost	Cost gynhyrchu (costau cynhyrchu) (eb)
Margin	Ffin (-iau) (eb)
Marginal cost	Cost (-au) ffiniol (eb)
Marginal revenue	Incwm ffiniol (eg)
Marketable securities	Gwarantoedd gwerthadwy (ell)
Market value	Gwerth yn y farchnad (eg)
Markup	Ychwanegiad (-au) (eg)
Master budget	Cyllideb gyfansawdd (cyllidebau cyfansawdd) (eb)
Match	Cydweddu (be)
Materiality	Sylweddolaeth
Maturity	Aeddfedrwydd (eg)
Mean	Cyfartaledd (eg)
Median	Canolrif (eg)
Medium term	Tymor canolig (eg)
Memorandum of Association	Memorandwm sefydlu (eg)
Merchant bank	Banc (-iau) masnachol (eg)
Merger	Cydsoddiad (-au) (eg)
Minority interests	Buddiannau lleiafrifol (ell)
Monetary items	Eitemau ariannol (ell)
Motivation	Symbyliad (-au) (eg)

Multiple regression analysis	Dadansoddiad (-au) lluosatchweliad (eg)
Nationalized industry	Diwydiant gwladoledig (diwydianna gwladoledig) (eg)
Negative goodwill	Drwg ewyllys (eg)
Negotiable	Trafodadwy (a)
Net assets	Asedau net (ell)
Net book value	Gwerth ar bapur net (eg)
Net operating income	Incwm gweithredol net (eg)
Net present value	Gwerth net presennol (eg)
Net realizable value	Gwerth realeiddiedig net (eg)
Net tangible assets	Asedau cyffwrddadwy net (ell)
Net worth	Gwerth net (eg)
Nominal capital	Cyfalaf nominal (eg)
Non-profit organization	Sefydliad di-elw (eg)
Normal distribution	Dosraniad normal (eg)
Objectivity	Gwrthrychedd (eg)
Obsolesence	Anarferiant (eg)
Off balance sheet	Di-fantolen (a)
On-line	Ar gysyllt (a)
Open outcry	Gweiddi rhydd (be)
Opening balance	Gweddill agoriadol (eg)
Operating budget	Cyllideb weithredol (cyllidebau gweithredol) (eb)
Operating characteristic curve	Cromlin nodweddiadol weithredol (e
Operating profit	Elw gweithredol (eg)

Operations research	Ymchwil weithrediadol (eb)
Opportunity cost	Cost (-au) ymwad (eb)
Option	Dewis (-iadau) (eg)
Ordinary share	Cyfran gyffredin (eb) (cyfrannau cyffredin)
Organization structure	Fframwaith sefydliad (eg)
Out option	Dewis (-iadau) gwerthu (eg)
Over the counter	Dros y cownter (a)
Overdraft	Gorgodiad (-au) (eg)
Overhead	Argost (-au) (eg)
Overtime	Goramser (eg)
Overtrading	Gorfasnachu (be)
Owners' equity	Ecwiti perchnogol (eg)
Paid-up capital	Cyfalaf taledig (eg)
Paper profit	Elw ar bapur (eg)
Par value	Gwerth par (eg)
Parent company	Rhiant-gwmni (rhiant-gwmnïau) (eg)
Partnership	Partneriaeth (-au) (eb)
Patent	Patent (-au) (eg)
Payback method	Dull ad-dalu (eg)
Payback period	Cyfnod (-au) ad-dalu (eg)
Payroll	Cyflogres (-i) (eb)
Performance audit	Archwiliad (-au) perfformiad (eg)
Performance Evaluation and Review Technique (PERT)	Techneg Rhaglen Gwerthuso ac Adolygu (TRhGA)
Permanent file	Ffeil barhaol (eb)
Perpetuity	Swm am byth (eg)

Petty cash	Arianman (eg)
Plant capacity	Cyrhaeddiad offer (eg)
Pooling of interest method	Dull cronni llog (eg)
Portfolio theory	Damcaniaeth (-au) portffolio (eb)
Post	Gosod (be)
Preference share	Blaengyfran (-nau) (eb)
Preferred creditor	Blaengredydwr (blaengredydwyr) (eg)
Preferred stock	Stoc blaenoriaethol (eg)
Premium	Premiwm (premiymau) (eg)
Prepaid expense	Rhagdraul (rhagdreuliau) (eb)
Prepayments	Blaendaliadau (ell)
Present value	Gwerth presennol (eg)
Price earnings ratio	Cymhareb pris-enillion (cymarebau pris-enillion) (eb)
Price level adjustments	Addasiadau lefel prisiau (ell)
Prime costs	Prif gostau (ell)
Principal	Prifswm (eg)
Private company	Cwmni preifat (cwmnïau preifat) (eg)
Probability	Tebygolrwydd (eg)
Probability sample	Sampl debygolrwydd (eb)
Producer's risk	Risg cynhyrchwr (eg)
Production margin	Ffin gynhyrchu (ffiniau cynhyrchu) (eb)
Productivity	Cynhyrch (eb)
Profit	Elw (eg)
Profit and loss account	Cyfrif (-on) elw a cholled (eg)
Profit maximization	Uchafu elw (be)

Programmed costs	Costau rhaglennol (ell)
Proportion	Cyfrannedd (eg)
Proprietorship	Perchnogaeth (eb)
Prospectus	Prosbectws (prosbectysau) (eg)
Provision	Darpariaeth (-au) (eb)
Proxy	Dirprwy (-on) (eg)
Prudence	Pwyll (eg)
Purchase	Pryniant (pryniannau) (eg)
Quadratic programming	Rhaglennu cwadratig (be)
Qualification	Cymhwyster (cymwysterau) (eg)
Quality control	Rheolaeth ansawdd (eb)
Quarterly report	Adroddiad (-au) chwarterol (eg)
Quick ratio, acid-test ratio	Cymhareb sydyn (cymarebau sydyn) (eb)
Quoted investment	Buddsoddiad (-au) a ddyfynnwyd
Random sample	Hapsampl (-au) (eg)
Rate of exchange	Cyfradd (-au) cyfnewid (ebg)
Rate of interest	Cyfradd log (cyfraddau llog) (ebg)
Rate of return	Cyfradd (-au) adennill (ebg)
Rational expectations	Disgwyliadau rhesymol (ell)
Ratio	Cymhareb (cymarebau) (eb)
Raw material	Deunydd crai (eg)
Realization	Realeiddio (be)
Receiver	Derbynnydd (derbynyddion) (eg)
Reconciliation	Cysoniad (-au) (eg)
Reconstruction	Adluniad (-au) (eg)

Record	Cofnod (-ion) (eg); cofnodi (be)
Registrar	Cofrestrydd (-ion) (eg)
Registration statement	Datganiad (-au) cofrestru (eg)
Regression analysis	Dadansoddiad (-au) atchweliad (eg)
Reinvestment rate	Cyfradd (-au) ailfuddsoddi (ebg)
Relevant cost	Cost berthnasol (costau perthnasol) (eb)
Relevant range	Ystod berthnasol (eb)
Repayment	Ad-daliad (-au) (eg)
Replacement cost	Cost (-au) adnewyddu (eb)
Required rate of return	Cyfradd adennill ofynnol (cyfraddau adennill gofynnol) (ebg)
Research and development costs	Costau ymchwil a datblygu (ell)
Reserve	Cronfa (cronfeydd) (eb)
Residual income	Incwm dros ben (eg)
Resources	Adnoddau (ell)
Responsibility accounting	Cyfrifeg gyfrifoldeb (eb)
Responsibility centre	Canolfan gyfrifoldeb (canolfannau cyfrifoldeb) (eb)
Retailer	Adwerthwr (adwerthwyr) (eg)
Retained earnings	Enillion argadwedig (ell)
Return on investment	Adenillion ar fuddsoddiad (ell)
Revaluation reserve	Cronfa adbrisio (cronfeydd adbrisio) (eb)
Revaluation surplus	Gweddill ad-brisiad (gweddillion ad-brisiad) (eg)
Revenue	Derbyniad (-au) (eg)
Rights issue	Dyroddiad (-au) hawlddewis (eg)

Risk	Risg (-au) (eg)
Risk average	Cyfartaledd risg (eg)
Risk averse	Gwrth risg (a)
Risk class	Dosbarth risg (eg)
Risk neutral	Risg di-duedd (a)
Risk premium	Premiwm risg (eg)
Risk seeking	Dros risg (a)
Roll over relief	Cymorth treiglol (eg)
Rolling budget	Cyllidebau dreiglol (cyllidebau treiglol) (eb)
Royalty	Breindal (-iadau) (eg)
Sale and leaseback	Gwerthiant ac ôl-les (eg)
Salvage value	Gwerth achub (eg)
Sample	Sampl (-au) (eb)
Savings	Cynilion (ell)
Scatter diagram	Diagram gwasgarlun (eg)
Schedule	Rhestr (-au) (eb)
Scrap value	Gwerth sgrap (eg)
Scrip issue	Dyroddiad (-au) sgrip (eg)
Security	Gwarant (-oedd) (eg)
Security market line	Llinell farchnad warant (eb)
Segment report	Adroddiad (-au) rhannol (eg)
Semivariable cost	Cost ran-newidiol (costau rhan-newidiol)
Sensitivity analysis	Dadansoddiad (-au) hydeimledd (eg)
Separable costs	Costau gwahanadwy (ell)
Share	Cyfran (-nau) (eb)

Share capital	Cyfalaf cyfrannau (eg)
Share issue	Dyroddiad (-au) cyfrannau (eg)
Share premium	Premiwm cyfran (eg)
Shareholder	Cyfranddaliwr (cyfranddalwyr) (eg
Short term	Tymor byr (eg)
Significance test; test of significance	Prawf arwyddocâd (eg)
Simple interest	Llog syml (eg)
Simulation	Efelychiad (-au) (eg)
Single entry book-keeping	Llyfrifo sengl (be)
Sinking fund	Cronfa ostwng (cronfeydd gostwng) (eb)
Skewness	Gwyrgamedd (eg)
Social accounting	Cyfrifeg gymdeithasol (eb)
Social audit	Archwiliad (-au) cymdeithasol (eg)
Social security	Nawdd cymdeithasol (eg)
Software	Meddalwedd (eb)
Sole proprietorship	Unig berchenogaeth (eb)
Solvent	Diddyled (a)
Source and application of funds	Ffynonellau a defnyddiau cyllid
Source document	Dogfen wreiddiol (dogfennau gwreiddiol) (eb)
Span of control	Rhychwant rheolaeth (eg)
Spot price	Pris ar y pryd (eg)
Staff authority	Awdurdod staff (eg)
Stakeholder	Hapddaliwr (hapddalwyr) (eg)
Standard	Safon (-au) (eb)
Standard cost system	System gost safonol (eb)

Standard deviation	Gwyriad safonol (eg)
Statement	Datganiad (-au) (eg)
Statement of Standard Accounting Practice (SSAP)	Datganiad o arferion cyfrifeg safonol (DACS) (eg)
Statistical sample	Sampl ystadegol (eb)
Step cost	Cost gamau (costau camau) (eb)
Stewardship	Stiwardiaeth (eb)
Stock	Stoc (-iau) (eg)
Stock exchange	Cyfnewidfa stoc (cyfnewidfeydd stoc) (eb)
Stock market	Marchnad stoc (marchnadoedd stoc) (eb)
Stock split	Hollt stoc (egb)
Stockholder	Cyfranddaliwr (cyfranddalwyr) (eg)
Stockout costs	Costau di-stoc (ell)
Straight line depreciation	Dibrisiant llinol (eg)
Strategic planning	Cynllunio strategol (be)
Subsidiary	Is-gwmni (is-gwmnïau) (eg)
Substantive testing	Profi sylweddol (be)
Sum of least squares	Swm sgwariau lleiaf (eg)
Sum of the years depreciation	Dibrisiant swm y blynyddoedd (eg)
Sunk cost	Cost (-au) suddedig (eb)
Surplus	Gwarged (eg)
Surrender value	Gwerth ildio (eg)
Suspense account	Cyfrif (-on) dros dro (eg)
Synergy	Synergi (eg)
Systematic risk	Risg systematig (eg)
Systematic sample	Sampl systematig (eb)

T account	Cyfrif (-on) T (eg)
Tangible asset	Ased (-au) cyffwrddadwy (eg)
Tax avoidance	Arbed treth (be)
Tax evasion	Treth osgoi (eb); osgoi trethi (be)
Tax shelter	Lloches rhag trethi (eb)
Tender	Cynnig (cynigion) (eg)
Term structure of interest rates	Fframwaith tymhorol cyfraddau llog (eg)
Test of compliance	Prawf cydsyniad (eg)
Time-series analysis	Dadansoddiad (-au) cyfres amser (eg)
Trade discount	Gostyngiad (-au) masnachol
Trade mark	Nod masnach
Transaction	Trafodyn (trafodion) (eg)
Transfer price	Pris trosglwyddo (eg)
Treasury bill	Bil (-iau) trysorlys (eg)
Trend analysis	Dadansoddiad (-au) tueddiadau (eg)
Trial balance	Prawf gweddill (-ion) (eg)
True and fair view	Barn wir a theg (eb)
Turnover	Trosiant (eg)
Two-tier boards	Byrddau dwy haen (ell)
Uncertainty	Ansicrwydd (eg)
Underwriter	Tanysgrifennwr (tanysgrifenwyr) (eg)
Undistributed earnings	Elw heb ei ddosbarthu (eg)
Unearned income	Incwm o eiddo (eg)
Unit cost	Cost (-au) uned (eb)
Unlimited liability	Rhwymedigaeth ddiderfyn (eb)

Unlisted security	Gwarant (-oedd) di-restr (eg)
Unquoted security	Gwarant heb ei ddyfynnu (eg)
Unrealized revenue	Refeniw heb ei wireddu (eg)
Unsystematic risk	Risg ansystematig (eg)
Usage variance	Amrywiant defnydd (eg)
Valuation theory	Damcaniaeth werthuso (damcaniaethau gwerthuso) (eb)
Value	Gwerth (-oedd) (eg)
Value Added Tax	Treth Ar Werth (eb)
Variable cost	Cost (-au) newidiol (eb)
Variance	Amrywiant (amrywiannau) (eg)
Variance analysis	Dadansoddiad (-au) amrywiant (eg)
Venture capital	Cyfalaf mentr (eg)
Verify	Gwirio (be)
Wasting asset	Ased (-au) treuliedig (eg)
Weighted average cost of capital	Cost gyfartalog gymhwysol cyfalaf (eb)
Windfall profit	Elw annisgwyl (eg)
Work in progress	Gwaith ar waith (eg)
Working capital	Cyfalaf cyfredol (eg)
Write off	Dileu (be)
Yield	Arenillion (ell)
Zero-based budgeting	Cyllidebu ar sail sero (be)